BEI GRIN MACHT SICH IHR WISSEN BEZAHLT

Nanda Grooff

Handlungstheorien im Überblick

GRIN Verlag

Bibliografische Information der Deutschen Nationalbibliothek:

Die Deutsche Bibliothek verzeichnet diese Publikation in der Deutschen National-
bibliografie; detaillierte bibliografische Daten sind im Internet über http://dnb.d-
nb.de/ abrufbar.

Impressum:

Copyright © 2008 GRIN Verlag GmbH
Druck und Bindung: Books on Demand GmbH, Norderstedt Germany
ISBN: 978-3-638-95385-6

Dieses Buch bei GRIN:

http://www.grin.com/de/e-book/93575/handlungstheorien-im-ueberblick

Fachhochschule Erfurt
Fachbereich Soziale Arbeit

Seminar: Theorien der sozialen Arbeit II

Hausarbeit über Handlungstheorien

Geschrieben von:
Nanda Grooff

Gliederung

1   Einleitung

In Bezug auf das Seminar „Theorien der sozialen Arbeit II" habe ich diese Arbeit zum Thema Handlungstheorien am Beispiel meines Praktikums geschrieben. Das Seminar vermittelte theoretische Ansätze der sozialen Arbeit. Zunächst gehe ich auf die theoretischen Ansätze von Silvia Staub-Bernasconi ein und erkläre den Prozess- und Systemtheoretischen Ansatz. Im nächsten Kapitel erläutere ich die komplexe Handlungstheorie anhand der fünf Wissensebenen.

Im letzten Abschnitt beschreibe ich am Beispiel einer Inobhutnahme das professionelle Handlungsmodell von Silvia Staub-Bernasconi.

Abschließend ergänze ich meine Arbeit mit einer Schlussfolgerung.

2   Wissenschaftsverständnis nach Silvia Staub-Bernasconi

Laut Staub-Bernasconi benötigen die heutigen sozialen Probleme mehr als nur einen einzigen theoretischen Ansatz. Sie ist der Meinung, dass die komplexen gegenwärtigen sozialen Themen eine „wissenschaftliche Metatheorie"[1] brauchen. Das heißt, dass mehrere Elemente eine komplexe aber wissenschaftlich fundierte Handlungstheorie bilden.

2.1 Kritik

Kritiker der Sozialarbeitswissenschaften sind der Meinung, dass verschiedene Illusionen die Arbeit der Theoretiker und Praktiker beeinflussen.

In ihrem Buch „Soziale Arbeit als Handlungswissenschaft" beschreibt Silvia Staub-Bernasconi Paul Watzlawicks Realitätsillusion mit einem häufig verwendetem Zitat: „Wir leiden nicht an der Wirklichkeit, sondern an unseren Bildern von der Wirklichkeit." [2] Dieses Zitat beschreibt ein soziales Problem, welches erst durch die Profession der sozialen Arbeit als solches benannt wird. Das heißt, dass wir als SozialarbeiterInnen/ SozialpädagogenInnen Probleme konstruieren, indem wir durch die Beschreibung unsere Wahrnehmungen Wert- und Normvorstellungen erschaffen.[3]

Außerdem beschreibt sie die Wissenschafts- und die Wahrheitsillusion. Erstere sagt aus, dass man in der sozialen Arbeit mehr als nur wissenschaftliche Gesetzmäßigkeiten und wissenschaftliches Verständnis anwendet, um Prozesse erklären zu können.[4]

Die Wahrheitsillusion steht für Aussagen, die als *wahr* angenommen werden. Das heißt, dass die Wahrheit an Macht und Interessen des Einzelnen gebunden ist und individuell von dem Betrachter als Realität bewertet wird.

Theorie und Praxis sind nach der Luhmannschen Systemtheorie nur schwer miteinander zu vereinbaren. Das System der Wissenschaft begründet sich an

---

[1] http://www.uni-magdeburg.de/iew/web/studentische_projekte/ss02/seybusch/bernasconiWissen.htm, 18.07.07
[2] Staub-Bernasconi, Silvia . Soziale Arbeit als Handlungswissenschaft. Systemtheoretische Grundlagen und professionelle Praxis - ein Lehrbuch. Haupt Verlag Bern Stuttgart Wien. 1. Auflage 2007. S. 228
[3] ebd. S. 228
[4] ebd. S. 229

der Wahrheit, jedoch das System der sozialen Arbeit sowie der Profession orientieren sich an der Wirksamkeit und Effizienz ihrer Arbeit.[5]

2.2   Prozess- und Systemtheorie

Nach dem Verständnis von Silvia Staub-Bernasconi sind Prozess- und Systemtheorie miteinander verbunden und drücken aus, dass „alles was ist, in Systemen eingewoben"[6], endlich und wandelbar (ist). Sie beschreibt, dass wir alle in verschiedenen Systemen eingebunden sind. Diese Systeme sind wiederum aus unterschiedlichen Komponenten zusammengesetzt worden, um das Gefüge zum Ganzen zu machen. Die Systeme sind über die verschiedenartigen Bestandteile miteinander vernetzt.

Beschrieben am Beispiel Mensch sind wir Mitglieder einer sozialen Gesellschaft mit Bedürfnissen, Trieben, Emotionen und Empfindungen, die uns zu Verhalten motivieren, unsere Wünsche zu befriedigen. Um diesen Bedürfnissen nachzugehen, müssen Menschen auf der Suche nach Lösungen im sozialen System kooperieren oder Konflikte eingehen. Das bedeutet, dass sich der Mensch sich entweder am Ganzen anpassen muss oder gegen die gesellschaftliche Normstruktur handelt.

2.3   Die Entstehung sozialer Probleme als Gegenstand der sozialen Arbeit

Gegenstand sozialer Arbeit ist nach Staub-Bernasconi das „soziale Problem". Für sie ist „das Problem" der Zustand, nach dem Menschen suchen um ihre Bedürfnisse zu befriedigen. Damit ist der Zustand gemeint, indem ein Mensch sich befindet, wenn er nicht weiß, wie er seine Begierden befriedigen und seine Ressourcen richtig ausschöpfen soll.

Um Bedürfnisse zu befriedigen, brauchen die Menschen einander. Die persönlichen Wünsche kennen fast keine Grenzen. Das soziale System jedoch besitzt nur eine begrenzte Fähigkeit die Bedürfnisse des Einzelnen umzusetzen. Die Befriedigung aller Begierden ist somit kaum realisierbar und

---

[5] ebd. S. 230-231
[6] http://www.uni-magdeburg.de/iew/web/studentische_projekte/ss02/seybusch/bernasconiTheorie.htm, 18.07.07

4

von Machtstrukturen abhängig. Diese Hindernisse stellen das soziale Problem als Gegenstand der sozialen Arbeit dar.

Staub- Bernasconi sieht hier Probleme in der Sicherung von Grundbedürfnissen, welche sie als Ausstattungsprobleme benennt. Weiterhin gibt sie Austauschprobleme zwischen Menschen und ihrer Umwelt an. „Austausch von Gütern, aber auch Wissen usw. verläuft in unserer Gesellschaft zunehmend asymmetrisch."[7] So wird z.b. die gesellschaftliche Spaltung zwischen Arm und Reich immer größer. In diesen Tauschbeziehungen werden die Partner nicht gleichberechtigt behandelt, demzufolge wird einer von beiden seinen Vorteil aus der Beziehung ziehen und der andere wird benachteiligt werden.

Des Weiteren sorgen Machtprobleme dafür, dass nicht alle Menschen Zugang zu Ressourcen haben, die sie brauchen, um eine gleichberechtigte Position in der Gesellschaft zu erlangen. Insbesondere sind hier die gesellschaftliche und soziale Stellung sowie wirtschaftliches Kapital als auch der Zugang zu Bildung gemeint.[8]

Kriterienprobleme sind unter den schon genannten ein weiteres Element, welches auch zu sozialen Problemen führen kann. Diese Kriterien gelten als Orientierung und Kontrollmöglichkeit, um eine Problementstehung entgegen zu wirken, wenn sie dementsprechend angewendet werden. Als Beispiel wäre hier die Gleichberechtigung von behinderten und nicht behinderten Menschen auf dem Arbeitsmarkt anzuführen, welche nur schwer in der Realität umzusetzen ist.

Daraus ergibt sich, dass der ideale Zustand innerhalb eines sozialen Systems vom Grad der Bedürfniserfüllung, der fairen Umsetzung vom Gesetz und der Verteilung von Macht abhängig ist.

---

[7] Prof. Dr. Phil. Zeller, Susanne. http://www.erato.fh-erfurt.de/so/homepages/zeller/skripte/Theorie2.doc. 27.07.07. S. 2.
[8] http://www.uni-magdeburg.de/iew/web/studentische_projekte/ss02/seybusch/bernasconiTheorie.htm. 18.07.07

3   Elemente der Handlungstheorie nach Staub-Bernasconi[9]

3.1   Gegenstandswissen

In diesem Bereich der Handlungstheorie wird das Problem an sich erfasst. Dabei wird besonders auf die räumlichen sowie zeitlichen Aspekte Rücksicht genommen. Auch dem momentanen Zustand, den historischen Besonderheiten sowie der geografischen und kulturellen Herkunft wird eine hohe Bedeutung beigemessen. Hier entsteht die Antwort auf die Frage, *„Was ist los?"*.

3.2   Erklärungswissen

In diesem Bereich wird Fachwissen benötigt und angewandt, um die Frage *„Warum ist das so?"* zu beantworten. Benötigt wird aber nicht nur das eigene Fachwissen, sondern auch das Wissen angrenzender Fachdisziplinen. Erforscht werden die Problemursachen: warum bleibt die Problematik bestehen oder wandelt sich in eine unangemessene Richtung?

3.3   Wert- oder Kriterienwissen

Das Ziel soll in dieser Phase gefunden und genau formuliert werden. Dabei ist es wichtig zu schauen, ob Veränderungen denkbar sind und wie diese gegebenenfalls aussehen könnten. Mit der Frage *„Woraufhin soll verändert werden?"* im Hintergrund soll der Klient die Situationen real einschätzen lernen und eine klare Formulierung seiner Wünsche äußern.

3.4   Verfahrenswissen

„Wie kann was verändert werden?" ist hier die zentrale Frage. Dabei kommen praktische und methodische Erfahrungen sowie Fertigkeiten zum Einsatz. So soll zusammen mit dem Klient geschaut werden, wo es Mittel und Wege gibt,

---

[9]http://www.uni-magdeburg.de/iew/web/studentische_projekte/ss02/seybusch/bernasconiWissen.htm.
18.07.07

um an der gegebenen Situation zu arbeiten und somit eine Verbesserung anzustreben.

3.5 Evaluationswissen

Hier findet eine Zusammenfassung und Überprüfung der geleisteten Arbeit statt, welche mit der Frage *„Was ist geschehen?"* verbunden ist. Die Ausgangssituation wird in Bezug auf die Veränderungen im Laufe des Prozesses empirisch beleuchtet. Dabei wird geschaut, ob Vernetzungen mit anderen Fachdisziplinen, eine Struktur der Selbsthilfe und Ressourcen des Klienten bewahrt und verstärkt wurden.

4 Professionelles Handeln am Beispiel einer Inobhutnahme

Im Sommer 2005 erreichte ein Mädchen im Alter von 16 Jahren mit der Bitte aufgenommen zu werden, eine Inobhutnahmestelle. Eine Freundin hatte sie dorthin begleitet, da es ihr gesundheitlich schlecht ging. Laut ihrer Aussage hatte sie lange nachgedacht, wo sie hin sollte. Schon am Nachmittag hatte sie die elterliche Wohnung verlassen, kam aber erst gegen 21 Uhr in der Inobhutnahmestelle an.

4.1 Was? – Die Problembeschreibung

Ihrer ersten Aussage nach wollte sie nicht mehr nach Hause, weil sie einen Streit mit der Freundin ihres Vaters hatte. Ihr Vater sei Alkoholiker genau wie dessen Lebensgefährtin. Streitereien im Haushalt seien nicht selten und drehten sich hauptsächlich um Konflikte zwischen der Freundin und dem Mädchen. Bei diesen Auseinandersetzungen ergreife der Vater generell Partei für seine Lebensgefährtin. Der Streit eskalierte, als diese damit drohte, das Mädchen in ein Heim einzuweisen.

Da der gesundheitliche Zustand des Mädchens sich in den folgenden Tagen nicht besserte, wurde sie in ein Krankenhaus eingewiesen.

4.2 Warum? – Erklärung des sozialen Problems

Das Mädchen äußerte, die Lebensgefährtin ihres Vaters nicht zu mögen. Ihrer Meinung nach bräuchte ihr Vater keine Partnerin. Sie wollte, wie vorher auch, allein mit ihm leben. Sie empfand die neue Lebensgefährtin als einen „Fremdkörper", der das Familiengefüge durcheinander gebracht hat. Vertieft wird dieses Konkurrenzdenken durch das Verhalten der Lebensgefährtin, die ihre Antiphatie dem Mädchen gegenüber offenkundig zur Schau stellt und auch verbal bekundet. Der Vater entzieht sich diesem Konflikt durch Ausweichstrategien.

4.3 Woraufhin? – Betreuung des sozialen Problems

Zunächst reagierten die Mitarbeiter der Inobhutnahmestelle mit der sofortigen Aufnahme des Mädchens in die Inobhutnahmestelle. Ziel war hierbei die Deeskalierung des Konflikts. Dem Mädchen sollte Gelegenheit gegeben werden, Abstand vom Erlebten zu gewinnen und Geborgenheit zu spüren. Begleitende Maßnahmen waren hierbei ausführliche Gespräche. Als nächster Schritt war eine Zusammenführung aller Beteiligten geplant, was jedoch am unkooperativen Verhalten des Vaters und dessen Lebensgefährtin scheiterte.

Mit der Krankenhausaufnahme war der Fall eigentlich für die Inobhutnahmestelle nicht mehr relevant, obwohl sich die persönlichen Sachen des Mädchens noch in der Inobhutnahmestelle befanden. Eine Mitarbeiterin sollte dennoch dem Vater die Nachricht vom Krankenhausaufenthalt seiner Tochter persönlich überbringen, da die Familie telefonisch nicht erreichbar war.

4.4 Wer? – Bestimmung der Akteure

Die Wohnung war in einem schlechten Zustand, sehr unordentlich, unhygienisch und es war ein starker Alkoholgeruch wahrzunehmen.

Der Vater und dessen Lebensgefährtin waren sehr freundlich, jedoch angetrunken. Er wiederholte immer wieder, wie sehr er die Situation bedaure, aber er sei völlig mit dem Verhalten seiner Tochter überfordert und könne seinem Erziehungsauftrag nicht mehr gerecht werden. Sie würde sich nicht an Absprachen halten, wie zum Beispiel rechtzeitig nach Hause zu kommen, und es wäre unmöglich, sich mit ihr zu unterhalten. Manchmal sei sie sogar über Nacht weggeblieben. Es war deutlich, dass ihm seine Tochter viel bedeutete, er aber hilflos war. Die Lebensgefährtin zeigte bei diesem Gespräch großes Interesse und wirkte dominant.

4.5 Womit? – Bestimmung der Arbeitsweisen

Wie bereits erwähnt, überging mit der Krankenhausaufnahme die Verantwortung für das Wohlergehen des Mädchens auf das dortige Personal. Es erfolgte dennoch eine Nachbetreuung. Bei einem Besuch einer Mitarbeiterin im Krankenhaus hatte das Mädchen deutlich geäußert, ihren Vater und dessen

Freundin nicht sehen zu wollen, was der Vater jedoch nicht wusste. Diese hatten vor der Krankenhausaufnahme des Mädchens nicht auf eine Einladung der Mitarbeiter der Inobhutnahmestelle reagiert. So fand das erste Aufeinandertreffen doch im Krankenhaus statt, wo es zu einer Auseinandersetzung kam. Diese war so heftig, dass der Vater der Station verwiesen wurde. Aufgrund des Streites erlitt das Mädchen einen Zusammenbruch und wurde auf die psychiatrische Station gebracht, um sich dort von den Geschehnissen zu erholen.

4.6 Wie? – Bestimmung der Handlungsanweisung

In der Inobhutnahmestelle hatte das Mädchen geäußert, nicht in einem Heim untergebracht werden zu wollen, weil sie sich dafür zu alt fühle. Die Aufnahme in eine betreute Wohngruppe konnte sie sich hingegen gut vorstellen. Nach Informationen, die den Mitarbeitern der Inobhutnahmestelle zur Verfügung standen, besteht diese Option allerdings erst für Jugendlichen ab 18 Jahre. Jedoch konnte eine Unterbringung in eine betreute Jugendwohngruppe bis zur Volljährigkeit in Frage kommen. Damit das Team der Inobhutnahmestelle sich beim Jugendamt um die Unterbringung bemühen konnte, mussten sie auf eine erneute Aufnahme des Mädchens in die Einrichtung warten.

4.7 Ob? - Evaluation

Nach ihrem Krankenhausaufenthalt ist das Mädchen allerdings nicht noch einmal in Obhut genommen worden. Somit ist die Verantwortung für eine zweckentsprechende Unterbringung direkt beim Jugendamt geblieben. Bei einer späteren Begegnung hat mir das Mädchen mitgeteilt, sie wohne jetzt in einer Wohngruppe für Jugendliche und es ginge ihr gut.

Trotz Aufnahme im Krankenhaus haben sich die Mitarbeiterinnen der Inobhutnahmestelle um das Mädchen bemüht, um ein wenig Geborgenheit zu vermitteln. Außerdem hatte sie den Wunsch geäußert, mit den Bezugspersonen in Kontakt zu bleiben.

5 Fazit

Zusammenfassend kann ich sagen, dass ich in dem Praktikum mit der Handlungstheorie gearbeitet habe. Ohne es zu wissen, bin ich schon viel länger mit den Wissenstypen beschäftigt und meine Kenntnisse über das Handeln in der sozialen Arbeit, werden mit jedem Praktikum vertieft.

Es war sehr interessant zu sehen, wie praxisnah diese Theorie ist und wie man sie für die sozialpädagogische Arbeit anwenden kann und sollte.

6.   Quellenverzeichnis

Primärliteratur

1.)   Staub- Bernasconi Silvia. Soziale Arbeit als Handlungswissenschaft.
Systemtheoretische Grundlagen und professionelle Praxis - ein Lehrbuch.
Haupt Verlag Bern Stuttgart Wien. 1. Auflage 2007

Sekundärliteratur

1.)   http://www.uni-
magdeburg.de/iew/web/studentische_projekte/ss02/seybusch/bernasconiWissen.htm,
18.07.07

2.)   http://www.uni-
magdeburg.de/iew/web/studentische_projekte/ss02/seybusch/bernasconiTheorie.htm,
18.07.07

3.)   Prof. Dr. Phil. Zeller, Susanne.
http://www.erato.fh-erfurt.de/so/homepages/zeller/skripte/Theorie2.doc. 27.07.07